BEI GRIN MACHT SICH IHR WISSEN BEZAHLT

- Wir veröffentlichen Ihre Hausarbeit,
  Bachelor- und Masterarbeit

- Ihr eigenes eBook und Buch -
  weltweit in allen wichtigen Shops

- Verdienen Sie an jedem Verkauf

Jetzt bei www.GRIN.com hochladen
und kostenlos publizieren

GRIN

Die produktpolitische Gestaltung von Angeboten

Mit Beispielen aus dem Automobilsektor

Eloy Veit

Bibliografische Information der Deutschen Nationalbibliothek:

Die Deutsche Nationalbibliothek verzeichnet diese Publikation in der Deutschen Nationalbibliografie; detaillierte bibliografische Daten sind im Internet über http://dnb.d-nb.de abrufbar.

ISBN: 9783346760159
Dieses Buch ist auch als E-Book erhältlich.

© GRIN Publishing GmbH
Nymphenburger Straße 86
80636 München

Druck und Bindung: Books on Demand GmbH, Norderstedt Germany
Gedruckt auf säurefreiem Papier aus verantwortungsvollen Quellen

Das vorliegende Werk wurde sorgfältig erarbeitet. Dennoch übernehmen Autoren und Verlag für die Richtigkeit von Angaben, Hinweisen, Links und Ratschlägen sowie eventuelle Druckfehler keine Haftung.

Das Buch bei GRIN: https://www.grin.com/document/1293388

Sonderprüfung

Bearbeitung des Themenkataloges

Alternative **C.**

Modul: Markt- und Werbepsychologie I

Studiengang: Wirtschaftspsychologie

Abgabe am 7.11. 2020

Eloy Benjamin Veit
Wirtschaftspsychologie B.Sc.

Abkürzungsverzeichnis

a. a. O.	am angegebenen Ort
Abb.	Abbildung
AI.	Artificial intelligence
Aufl.	Auflage
Bd.	Band
Bde.	Bände
Diss.	Dissertation
ebd.	ebenda
et al.	und andere
f.	folgende Seite
ff.	folgende Seiten
ges. A. aus.	Gesamtanzahl ausgelieferter
Hrsg.	Herausgeber
IoT.	Internet der Dinge
Jg.	Jahrgang
KI.	Künstliche Intelligenz
o. J.	ohne Jahr
o. O.	ohne Ort
o. V.	ohne Verfasser
o. S.	ohne Seite
PEST.	Akronym für (P) politic, (E) economical, (S) social and (T) technical
QMS	Qualität Management System
Resp.	respektive
Som.	somit
S. P.	Sensible Phase
vgl.	vergleiche
ggf.	gegebenen falls
z.b.	Zum Beispiel
bsph.	beispielshalber
WEF	World Economic Forum

Abbildungsverzeichnis

Tabellenverzeichnis

Aufgabe 1

1.1 Geltende Standards der Produktpolitik im Automobilsektor

Zuerst sei auf Herrn Rotter verwießen, dieser erwähnt in einer Presse Meldung des VDA. (Verband der Automobilindustrie e.V.), dass die hohen Qualitätsansprüche, für welche die deutsche Automobilindustrie geonational bekannt ist- nicht nur an sich selbst stellt, sondern diese auch von ihren Zulieferern abverlangt, als erfüllt gelten. Mit dieser Aussage bezieht er sich auf den 2020 publizierten TÜV-Prüfreport. Dieser ist nach zu prüfenden Kategorien gegliedert, welche eine weitere Kategorisierung in Altersklassen findet. Anhand dieser konnte festgestellt werden, dass In allen fünf zu prüfenden Altersklassen, und zwar von den zwei- und dreijährigen- bis hinweg zur Gruppe der zehn- und elfjährigen Kraftfahrzeuge, es vor allem die deutschen Automobile sind, welche die Spitzenmodelle mit den geringsten anzutreffenden Mängeln stellen, so Rotter.[1] Als Quelle für diesen Erfolg bezieht sich Rotter auf die die täglich anstehende harte Arbeit, um diesen hohen Qualitätsstandard zu gewährleisten. wesentlich hierfür ist nach ihm die Leidenschaft für das Produkt- welche potenzielle Bewerber oder Angestellte mitbringen müssen, sowie das ständige streben die innovativste Lösung in einem Problemlösungsprozess zu akquirieren.[2] Zuletzt honoriert er das QMA (Qualitäts manager Center) wegen der gelungenen Kombination welche durch die Zusammenarbeit der verantwortlichen Erfolgsmanager, mit einer KI bewerkstelligt wird.[3] Weshalb dies für die Produktpolitik wichtig ist begründet sich in der Annahme, dass damals wie heute die Modelle im Vergleich zum Konkurrenzherstellern unter qualitativ hoch-. oder gar höherwertigen Bedingungen im Rahmen eines sinnvollen Obsoleszenz Niveaus- in einer anscheinend zur Genüge konstruierten Produkt und Preisstrategie gestaltet, sowie abgesetzt werden.[4]

---

[1] Vgl. Rotter, E. (2019), S. 1. 2. Abs.
[2] Vgl. ebd. (2019), S. 1. 3. Abs.
[3] Vgl. ebd. (2019), S. 1. 3. Abs.
[4] Vgl. Walsh, G. Deseniss, A. Kilian, T. (2020), 6. Kap. 3.1. Abs.

1.2 Produkts und Programmpolitik sowie Eingliederung in den Prozess des strategischen Entscheidens

In dieser Ausarbeitung finden lediglich Produktstrategische Aspekte unter dem Synonym Produktpolitik (P.P.) eine Vertiefung. Herr Veeh und Bouchard betonen, dass die Produktpolitik zu den wichtigsten Instrumenten des Marketingmixes zählen. Eine Eingliederung der Produkt- und Programmpolitik in den Strategischen Entscheidungsprozess ist der 1. Abb. zu entnehmen.

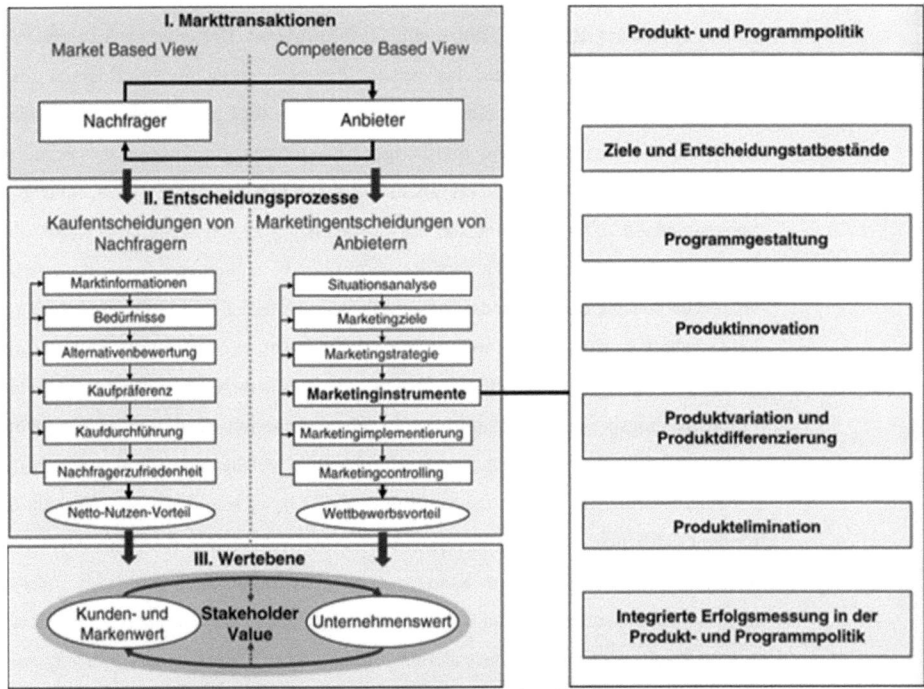

1. Abb. Ablauf Produkt- und Programmpolitischer Entscheidungen Quelle: Meffert, H. Burmann, C. Kirchgeorg, M. (2015), 4. Kap. 1 Abb.

Sie verweisen ebenfalls auf die Umschreibung, welche dieser (P.P.) in der Literatur zukommt, da sie nichts Geringeres als ein Zentrales Element darstellt.[5] Meffert, Burchmann und Kirchgeorg bezeichnen sie als das Herz des Marketings. Sinn dieser Bezeichnung ist es auf die exponierte Stellung zu verweisen, welche dieser Zukommt.

---

[5] Vgl. Veeh, W. Bouchard, S. (2009), enthalten im Vorwort Abs.

Denn im Rahmen der Gestaltung des Absatzprogrammes, welches für das langfristige Überleben einer Organisation am Markt verantwortlich ist, trägt sie dazu bei, teils-existenzielle Entscheidungen- bezogen auf die Entwicklung neuer Erzeugnisse, die Verbesserung, Ergänzung und Elimination vorhandener Produkte zu treffen.[6] Thommen, Achleiter, Ulrich-Gilbert, Hachmeister, Jarchow und Kaiser verstehen unter der Produkt Politik nichts anderes, als die Art- und mengenmäßige Gestaltung des Absatzprogrammes eines Unternehmens, sowie die zusammen mit dem Produkt angebotenen Zusatzleistungen, bsph. Montage und der Reparaturdienst.[7] Dabei stellt sie einen – vielleicht sogar den wichtigsten Bestandteil des Marketingmix dar. Zurück geht diese auf die Einteilung von MCCarthy aus den 1960er Jahre, welcher die Marketinginstrumente erfolgreich in die 4Ps Kategorisierte- nach Meffert sind diese folgende: Product (Produkt), Price (Preis), Promotion (Kommunikation) und Place (Vertrieb). Das wesentliche Entscheidungsproblem, welches sich aus dieser Kategorisierung ergibt ist von Esch, Meffert und Becker in der optimalen Kombination der Festlegung der Marketinginstrumente, welche wie oben beschrieben in ihrer Gesamtheit- als Marketing Mix zu bezeichnen sind zu begründen.[8] Nach Bruhn stellt die P.P. ein Instrument, welches sich mit sämtlichen Entscheidungen betreffend die Gestaltung des Leistungsprogramms beschäftigt. Um die zu treffende Entscheidungstatbestände, welche der P.P. entspringen zu ordnen, bzw. diese besser zu identifizieren erscheint zunächst eine inhaltliche Bestimmung des Begriffes Produktes sinnvoll.[9]

1.3 Produktdefinition und Grundlegende Eckpfeiler einer gelungenen Produktpolitik

Walsh et al. definieren ein Produkt als ein Bündel von Attributen z.b. (Ausstattung, Funktionen, Nutzen und Verwendung). Essenziell zu verstehen ist an dieser Stelle, die vollzogene Gliederung der Produkte, welche prinzipiell einem Substitutionsgedanke zu Grunde liegt. Demnach reicht die Bezeichnung eines Produktes von einer simplen Idee über ein Sachgut welche Verwendung findet, bis hin zu einer zu erbringenden Dienstleistung bei immateriellen Vermögenswerte, die etwa bei Rechte resp. Patentend endet. Nicht selten handelt es im Rahmen der Gestaltung innerhalb Produktpolitischer

---

[6] Vgl. Meffert, H. Burmann, C. Kirchgeorg, M. (2015), 4. Kap. 1.1.
[7] Vgl. Thommen, J. P. Achleitner, A.K. Gilbert, D. U. Hachmeister, D. Jarchow, S. Kaiser, G. (2020), S.88
[8] Vgl. Bruhn, M. (2019), S.29 nach Esch, R. et al. (2013), S.368 ff.; Meffert, H. et al. (2015), S. 22ff; Becker, J. (2019), S. 481ff.
[9] Vgl. ebd. (2019), S.29

Maßnahmen um eine Kombination eben aufgezählter Alternativen, so Walsh.[10] Homburg definiert ein Produkt – zu mindestens aus der Sicht des Marketings als ein Bündel von Eigenschaften eines Vermarktungsobjektes, welches auf die Schaffung eines Kundennutzens jedweder Art abzielt.[11] Ein im Marketingkontext häufig genutzter Begriff ist der des Produktes im weitesten Sinne, gemeint ist jede materielle oder immaterielle Ware, die zur Bedürfnisbefriedigung des Konsumenten dient.[12] Ausgehend von der Kundenperspektive, welche in einem Produkt ein Mittel zur Bedürfnisbefriedigung sieht und dieses som. in den Mittelpunkt zur Mehrung des individuellen Nutzens stellt, sind drei Ebenen des Nutzens zu differenzieren. Diese sind im substanziellen, dem erweiterten und dem generische Produktbegriff enthalten. Der Substantielle Produktbegriff bezieht sich auf die physisch- technischen Eigenschaften, hierdurch sollen primäre- funktionale Kundenbedürfnisse, mittels der Gestaltung von physischen Produktmerkmale befriedigt werden, bsp. das elegante Design eines Porsche Sportwagens, oder aber die einem solchem Konzept zu Grunde liegenden Digitalen Komponenten, wie bsph. Das neue Digitale Cockpit erstellt von NVIDEA in Zusammenarbeit mit Mercedes Benz Cars bei der Erstellung der neuen S-Klasse, welche sicherlich vehementen Absatz im Bereich des Premiumsegmentes finden wird.[13] Nach Bruhn und Hadwich ist es fundamental die inhaltliche Bestimmung des Produkt- und Programmbegriffes einer Abgrenzung von Entscheidungstatbestände zu verleihen, so kann sich die Literatur dieser aus zwei Perspektiven nähern. Die Technische Perspektive allein reicht nach ihnen für eine volle Um Gliederung des Begriffes nicht aus.[14] Der erweiterte Produktbegriff hingegen versteht unter einem Produkt ein Leistungspaket, dies subsumiert sekundäre Bestandteile des Nutzens, so wird hier von immateriellen Leistungen Dienstleistungen wie Finanzierung aber auch dem Transport oder der Verpackung gesprochen. Es handelt sich hierbei um den erweiterten Nutzen, welcher sich aus dem eigentlichen Kernnutzen eines Produktes ergibt. Die letzte und weiteste Perspektive zur Betrachtung des Produktbegriffs, ist unter dem generischen Produktbegriff anzutreffen auf welchen Kotler et al. bereits im Jahr 2007 verwies.[15] Unter diesem werden nach Walsh et al. sämtliche materiellen sowie immateriellen Produktfacetten umfasst, aus welchen ein Kundennutzen resultieren kann. Dies bedeutet auch, dass Aspekte wie der emotionale Nutzen, welcher ein Produkt

---

[10] Vgl. Walsh, et al. (2020), 6. Kap. 2. Abs.
[11] Vgl. Homburg, C. (2015), S. 551
[12] Vgl. Onpulson (2020), S. 1. 2. Abs.
[13] Vgl. ebd. et al. (2020), 6. Kap. 2. Abs.; Bruhn, M. (2019), S.29
[14] Vgl. Bruhn, M. Hadwich, K. (2006), S. 12
[15] Vgl. Kotler et al. (2007), S.12

vermittelt erfasst wird- aber auch der Soziale Nutzen eines Produktes wird som. in das Analysefeld integriert, zu verweisen ist auf das Prestige, welches ein Produkt mitunter vermittelt.[16] Der 2.Abb. ist eine erste Kategorisierung zu entnehmen.

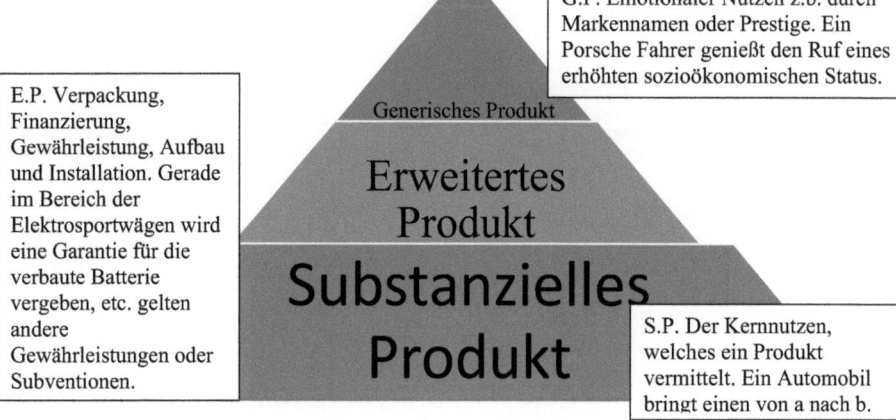

G.P. Emotionaler Nutzen z.b. durch Markennamen oder Prestige. Ein Porsche Fahrer genießt den Ruf eines erhöhten sozioökonomischen Status.

E.P. Verpackung, Finanzierung, Gewährleistung, Aufbau und Installation. Gerade im Bereich der Elektrosportwägen wird eine Garantie für die verbaute Batterie vergeben, etc. gelten andere Gewährleistungen oder Subventionen.

S.P. Der Kernnutzen, welches ein Produkt vermittelt. Ein Automobil bringt einen von a nach b.

2. Abb. Die drei Produktebenen am Beispiel eines KFZ-Quelle: eigene Darstellung und bsp. nach Walsh et al. (2020), 6. Kap. 2. Abs.

Die eben beschriebene Vermittlung des Produktnutzens, lässt sich weiter untergliedern, und zwar in einen Grund- wie auch Zusatznutzen so Meffert. Letzteres teilt sich wiederum in den Erbauungsnutzen und den Geltungsnutzen. Der Zusatznutzen eines Produktes, steht nach Meffert et al. nicht selten in direkter Relation zu einer Marke, unter welcher dieses erstellt sowie vertrieben wird. Diese Wechselwirkung von Marke und Produkt beeinflusst nach ihm in einem nicht geringen Maße das individuelle subjektive Erleben des Zusatznutzens.[17] Sehe 3. Abb.

---

[16] Vgl. Walsh, et al. (2020), 6. Kap. 2. Abs.
[17] Vgl. Meffert, H. et al. (2015), 4. Kap. 1.2. Abs.- 4.2. Abb.

Definition		Beispiel Automobil
Die aus den technisch-funktionalen Basiseigenschaften eines Produktes resultierende Bedürfnisbefriedigung	**Grundnutzen** +	Individueller Transport von A nach B
Über den Grundnutzen hinausgehende Bedürfnis- befriedigung durch das Produkt	**Zusatznutzen**	Alle über den reinen Transport hinausgehenden technisch-funktionalen Nutzenkomponenten des Automobils (z.B. hoher Sicherheitsstandard, besondere Umweltfreundlichkeit)
Aus den **ästhetischen** Wirkungen eines Produktes resultierende Bedürfnisbefriedigung	**[Erbauungsnutzen** +	Befriedigung des Schönheitsempfindens bei der Betrachtung von Form und Farbe des Außen-/Innendesigns des Automobils
Aus den **sozialen** Wirkungen eines Produktes resultierende Bedürfnis- befriedigung	**Geltungsnutzen]** =	Soziale Anerkennung oder Aufwertung durch den Kauf und die öffentliche Nutzung eines auffälligen, leistungsstarken Sportwagens

Produktnutzen
Summe aller Nutzenkomponenten des Produktes, die aus seiner technisch-funktionalen Gestaltung und seinen darüber hinausgehenden ästhetischen und sozialen Wirkungen resultieren

Ein Problem aus Sicht der Anbieter ist es häufig in Produkteigenschaften zu denken- Konsumenten hingegen kaufen keine Produkteigenschaften, sondern einen subjektiven Produktnutzen. Rothschild umschreibt dies mit der Metapher, dass der Köder letztens dem Fisch und nicht etwa dem Angler schmecken muss. Es bleibt darauf zu verweisen, dass egal welche Besonderheit das Produkt letztens hat. Es som. dem Konsumenten als attraktiv erscheinen muss.

3. Abb. ***Komponenten des Produktnutzens*** Quelle: Meffert, H. et al. (2015), 4.2. Abb.; Esch, F. R. Tomczak, T. Kernstock, J. Langner, T. Redler, J. (2019), 6. Kap. 1. Abs. nach Rothschild, M. L. (1987), S. 156

1.4 Gestaltung des Produkt- oder Angebotsprogrammes bzw. Leistungsprogramm

Meffert et al. bezeichnet unter dem Begriff die Gesamtheit aller Leistungen, welche ein Anbieter den Nachfragern zum Kauf anbietet. Mit dieser Definition differenziert er den Begriff des Produktionsprogramms, da dieser lediglich die vom Anbieter selbst erstellten Produkte, welche in Verbindung mit zugekauften Fertigprodukten im Angebotsprogramm resultieren meint. Meffert führt weiter aus, dass sich die Entscheidungen die Produkt- und Programmpolitik betreffend, weiter in zwei Gliederungsebenen unterteilen. Die Programmgestaltung teilt sich folglich in die Dimensionen strategische und operative Programmgestaltung auf. Während sich die strategische Programmplanung mit der Ausgestaltung des gesamten Angebotsprogrames beschäftigt, welches zumeist aus einzelnen Produkten und Produktlinien besteht, kommt es innerhalb der operativen Programmplanung zur Übernahme der Vorgaben des strategischen Aspektes- wobei diese nicht über die Variationen ganzer Produktlinien bestimmt, sondern lediglich Entscheidungen innerhalb der Produktlinie umsetzt. Solche Entscheidungen sind i.d.R. solche über- Innovation, Modifikation, Differenzierung aber auch die Elimination von Produkten. Meffert verweist darauf, dass die Produktgestaltung letztlich als die operative Ausführung aller Programmentscheidungen zu bezeichnen ist.[18] Thommen führt diesbezüglich aus, dass bei der Gestaltung des Absatzprogrammes- eines der wesentlichen Probleme innerhalb der Thematik der effizienten Gestaltung eines solchen, demnach in der Beantwortung der Frage nach der optimalen Anzahl von Produkten liegt, welche ein Unternehmen/ Organisation in die Produktpalette aufnehmen soll.[19] Die Artmäßige Zusammensetzung eben genannten, spielt bei der optimalen Gestaltung des Absatzprogrammes eine wesentliche Rolle. Unterschieden wird nach Programm-tiefe und -breite. Erstere bestimmt die Anzahl der Ausführungen einer Produktart, welche in das Programm aufgenommen werden soll, als bsph. wäre hier ein Porsche Taycan zu nennen und dessen verschiedene Ausführungen,-GTS und Turbo.[20] Sehen sie selbst in Abb.4. die von Porsche präferierte Gestaltung der einzelnen Dimensionen des Produktprogrammes im Jahre 2013. Natürlich ist dieses nur bedingt aktuell, da neuere Modellerscheinungen, wie etwa der Taycan oder aber der Macan gänzlich entfallen.

[18] Vgl. Meffert, H. et al. (2015), 4. Kap. 1.2. Abs.
[19] Vgl. Thommen, J. P. et al. (2020), S. 88
[20] Vgl. Thommen, J. P. et al. (2020), S. 88; Porsche Modelle. De (2020), S. 1. 1. Abs.

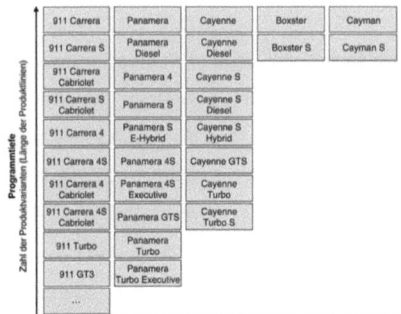

911 Carrera	Panamera	Cayenne	Boxster	Cayman
911 Carrera S	Panamera Diesel	Cayenne Diesel	Boxster S	Cayman S
911 Carrera Cabriolet	Panamera 4	Cayenne S		
911 Carrera S Cabriolet	Panamera S	Cayenne S Diesel		
911 Carrera 4	Panamera S E-Hybrid	Cayenne S Hybrid		
911 Carrera 4S	Panamera 4S	Cayenne GTS		
911 Carrera 4 Cabriolet	Panamera 4S Executive	Cayenne Turbo		
911 Carrera 4S Cabriolet	Panamera GTS	Cayenne Turbo S		
911 Turbo	Panamera Turbo			
911 GT3	Panamera Turbo Executive			
...				

Durch die Entscheidung für die Produktion wurde eine Politische Tendenz erkannt, welche sich gegen den Verbrennungsmotor richtet. Zu berücksichtigende Aspekte sind nach Nissen, dass bei der Produktion von E-Autos weniger Arbeit anfällt was erhebliche Auswirkungen auf das von Porsche verfolgte Gesamtkonzept haben könnte, was wiederum Auswirkungen auf die Produktpolitik hat, indem damit unter anderem sukzessiver Job Abbau betrieben werden könne.

4. Abb. Programmgestaltung der Porsche AG hinsichtlich Programmtiefe und Programmbreite Quelle: [1]Vgl. Meffert, H. et al. (2015), 4. Kap 4. Abb. (Juli 2013) nach Porsche 2013; Stuttgarter Nachrichten nach Nissen, L. (2019), 1. Abs.

1.5 Von der Produktidee zum Absatzfähigen Produkt

Bruhn beschreibt für den Bereich der Produktpolitik einen Planungsprozess, der ähnlich wie bei der gesamten Marketingplanung, die Vorgehensweise der Entscheidungsfindung innerhalb eines zeitlichen Ablaufes definiert. Dieser Prozess durchläuft sechs verschiedene Phasen.[21] Die erste Phase im Produktplanungsprozess stellt nach ihm die Situationsanalyse des Leistungsprogramms dar. Um das gegenwärtig vorhandene Leistungsprogramm gänzlich zu erfassen- empfiehlt er die Adaption und Durchführung eine Strukturanalyse. Während eine Programmstrukturanalyse dem Forschenden z.B. Auskunft über den Prozentanteil eines Produktes am ges. Umsatz aufzeigt, liefert eine Kundenstrukturanalyse, Hinweise auf Potenzialbehaftete Kundengruppen - oder aber verweist auf restriktives Verhalten von speziellen Kundensegmenten. Da es eine permanente Aufgabe des Produktmanagement darstellt, dass geg. Leistungsprogramm kontinuierlich zu analysieren, kam es im Laufe der Zeit zu einer Vielfalt an dafür geeigneten Instrumenten (Analysen) bsph. zu nennen sind u.a. die Lebenszyklusanalyse, die Portfolioanalyse, Analyse der Produktpositionierung, Kundenbefragungen, Handels Befragungen, Konkurrenzbeobachtung- bekannt als sog. Benchmarking. Um detaillierte Hinweise auf die aktuelle Stellung des Leistungsprogramms zu bekommen, ist den Unternehmen nichts zu schade. Von Deckungsbeitragsanalysen über die Auswertung von

---

[21] Vgl. Bruhn, W. (2019), S. 120

Kennzahlensystemen, bis hin zu Kundenzufriedenheit und Beschwerdeanalysen- findet alles eine Anwendung was Rückschlüsse auf das Verhalten der Kunden und Händler zulässt.[22]

2. Festlegung produktpolitischer Ziele	In Phase zwei werden die Produktpolitischen Ziele definiert- diese müssen in der Gänze definiert sein, um konkrete produktspezifische Ziele mittels bestehender und neuer Produkte zu realisieren.
3. Strategieentwicklung im Rahmen der Produktpolitik	Phase drei dient dazu eine Strategische Stoßrichtung in Bezug auf Qualität, Preis, Marke sowie dem Sortiment festzulegen.
4. Budgetierung der Produktpolitik	Die vierte Phase ist dazu da, um das vorhandene Budget für die Produktentwicklung allen anfallenden Produktpolitischen Planungsperioden zu verteilen.
5. Einsatz der produktpolitischen Instrumente	Phase fünf ist zum Feinabstimmen der einzelnen Produktpolitischen-Instrumente hin auf den Einsatz einzelner Produktpolitischer Maßnahmen vorzunehmen und diese zu einem Produktmix zusammenzufügen.
6. Kontrolle des Leistungsprogramms	In der sechsten Phase ist das ges. Leistungsprogramm einer Kontrolle zu unterziehen- geprüft wird, ob die geplanten Zielgrößen als erreicht gelten. Trifft dies nicht zu sind Anpassungsmaßnahmen zu treffen, sowohl das Produkt Management- wie auch das Markenmanagement beteiligt sich ausgiebig an diesem letzten Schritt.

1.Tab. Planungsprozess der Produktpolitik Quelle: Bruhn, W. (2019), S. 120-121

---

[22] Vgl. ebd. (2019), S. 121

15

1.6 Gewinnung Prüfung und Realisation von Neuproduktideen im Produktpolitischen Auswahlprozess

Lamprecht und Özergin bezeichnen die Gestaltung von Produkten als Zentrales Element der Produkt- und Programmpolitik, hierbei beziehen sie sich auf eine Aussage von Meffert. Die Einführung neuer Produkte, deckt som. einen klassischen Problem- und Handlungsbereich ab- der dem operativen Marketing zuzuordnen ist. Untrennbar verbunden mit diesem ist der Begriff der Innovation. Bezogen auf Schumpeters Thesen aus dem Jahr 1912, stellt eben jene den wichtigsten entscheidenden Träger für das wirtschaftliche Wachstum von Nationen, wie auch Unternehmen dar.[23] Nach Meffert, Burmann, Kirchgeorg und Eisenbeiß ist die internationale Wettbewerbsfähigkeit demnach nur durch Innovationen zu gewährleisten. Da Unternehmen aus Schwellen und Entwicklungsländern wegen der stetig anhaltenden Diffusion von technologischem Know-how-technisch-funktionalen Wettbewerbsvorteilen zunehmend schneller imitieren können, ist die Rede von Innovationsnotwendigkeit.[24] Ziel der Produktinnovation ist es Produkte zu entwickeln, welche die Vorgabe der Programmplanung erfüllen und som. dazu beizutragen ein Angebotsprogramm zu erstellen, dass die Bedürfnisse der Nachfrager möglichst umfassend befriedigt.[25] Da sich der Innovationsprozess als komplex und hierarchisch, sowie strukturell chronologisch darstellt, ist auf die vier Kernstufen des operativen Innovationsmanagement zu verwiesen. die effiziente Gestaltung der einzelnen Phasen ist von der verfolgten Innovationsstrategie abhängend, welche entweder durch spezielle Innovationsmanager oder aber im Bereich des strategischen Managements definiert wird. Hinzu kommt, dass Dauer und Intensität der planerischen Aktivitäten primär von der Art der Produktinnovation bestimmt werden.[26] Die einzelnen Phasen gliedern sich wie folgt:

Phasen	Beschreibung der Tätigkeit
1 Ideengewinnung	Entwicklung möglichst vieler Ideen
2 Ideenprüfung	Effektive und effiziente Selektion weniger, erfolgversprechender Ideen

---

[23] Vgl. Lamprecht, E. K. Özergin, B. (2016), 1. Kap. 1.2. Abs. nach Meffert, H. (2000) 4. Kap, S. 373-343
[24] Vgl. Meffert, H. Burmann, C. Kirchgeorg, M. Eisenbeiß, M. (2019), 3. Kap. 1. Abs.
[25] Vgl. ebd. (2019), 3. Kap. 2. Abs.
[26] Vgl. ebd. (2019), 3. Kap. 3. Abs.

Phasen	Beschreibung der Tätigkeit
3 Ideenrealisation	Schneller, kostengünstiger Bau und Test von Prototypen
4 Markteinführung	Schneller Aufbau von Bekanntheit, Präferenz und Distribution im relevanten Markt (Segment)

2. Tab. Phasenspezifische Ziele des operativen Innovationsmanagements Quelle: Meffert, H. Burmann, C. Kirchgeorg, M. Eisenbeiß, M. (2019), 3. Kap.

Durch die sog. Grobklassifikation finden solche Produktideen nach Veeh eine Selektion, denen bereits auf den ersten Blick eine attraktive Marktperspektive fehlt- oder aber mit erheblichen Kosten in Folge von Aufrüstungsmaßnahmen verbunden sind. Prinzipiell wird hier auf die Korrespondenz mit der Unternehmens Strategie und Ziele geprüft. Die hierfür eingesetzten Instrumente reichen von Checklisten mit Ko- Kriterien, bis hin zu den wesentlich feineren Produktbewertungsverfahren in Form von Scoringmodellen, da bei diesen, nach festgelegten Kriterien betreffend, die Wichtigkeit und Realisierungsgrad in Relation gesetzt wird.[27] Da jede Produktidee einzeln und gleichförmig geprüft wird entsteht som. eine Prioritätenhierarchie, in welcher die Produkte mit dem höchsten Scoring- also mit den höchsten Punktzahlen, in die nächste Selektionsphase übernommen werden.[28] Ist dies getan und können Ablehnungs- sowie Annahmefehler ausgeschlossen werden, so kommt es im nächsten Schritt zur Bewertung der Chancen und Risiken. Wobei die konkreten Möglichkeiten, sich durch die Neueinführung am Markt ergeben, jedoch auch die durch das Produkt ggf. entstehende Restriktionen Berücksichtigung finden. Die übrigbleibenden Produktideen werden i.d.R. durch Käufertests, einer ersten groben Markteinschätzung unterzogen. Das Verfahren der Wahl, stellt meist eine Gruppendiskussion dar.[29] Sich diesbezüglich ergebende Fragen lauten wie folgt: Wie hoch ist das Gesamtmarktpotenzial? Mit welchem Marktwachstum kann gerechnet werden? Welche Zielgruppen lassen sich am Markt ausmachen? Wie können die Absatzmittler vom Produkt überzeugt werden? was ist das Alleinstellungsmerkmal des Produktes gem.i. USP (Unique-Selling-Proposition)? so Hermann[30]. In der Feinselektion hingegen werden die letzten paar verbliebenen Produktvorschläge auf ihre

---

[27] Vgl. Veeh, W. (2016), 4. Kap. 2.3.1. Abs. nach Brockhoff, K. (1999), S. 182
[28] Vgl. Veeh, W. (2016), 4. Kap. 2.3.1. Abs. nach Herrmann, A. 1998 S. 520; Weis, H. C. (2009), S. 274
[29] Vgl. Veeh, W. (2016), 4. Kap. 2.3.1. Abs.
[30] Herrmann, A. (1998), S. 520

Wirtschaftlichen Kennzahlen hin geprüft, dazu gehören u.a. Kosten, Absatz, Preise, sowie damit verbundenen Umsätze. Steigt die Validität der Ergebnisse nicht mit zunehmendem Konkretisierungsgrad, so gilt es die Idee so frühzeitig wie möglich zu eliminieren. Da die primäre Motivation für die Einführung neuer Produkte wirtschaftlicher Natur ist, benötigt der Forschende Analyseverfahren, um eben ein solches Handeln zu Garantieren. Auch wenn die Break-even- Analyse einige Schwächen aufweist, stellt diese eine einfache Methode, mit deren Hilfe relativ einfach bestimmt werden kann, ob und wenn ein Produkt die Gewinnschwelle erreicht. Natürlich gibt es eine Vielzahl an Statistischen Prüfverfahren, so kann mit der Amortisationsrechnung der Zeitraum entnommen werden, der benötigt wird bis die kumulierten Fixkosten gedeckt sind, wobei hierbei jedoch keine Aussagen über die Rentabilität getroffen werden, dafür berücksichtigt dieses Verfahren anders als die break even Methode Veränderungen in den bestehenden Fixkosten, die Preisschwankungen finden jedoch keine Berücksichtigung so Meffert.[31] Durch hinzuziehen der Kapitalwertmethode kann bestimmt werden ob eine Investition über einen bestimmten Zeitraum hinweg eine vorgegebene Mindestverzinsung erreicht. Ist dies der Fall, gilt die Investition als sinnvoll. Alle aufgezählten Wirtschaftlichkeitsrechnungen, helfen dem Unternehmen Entscheidungen bezüglich des Treffens einer Entscheidung, den Produktabbruch, den Versuch der Reduzierung des Fixkostenapparats, sowie der Optimierung der Variablen Stückkosten zu optimieren. Letztens fließen die berechneten Größen direkt in die Entscheidungen der oben vorgestellten Stoßrichtungen ein so Veeh.[32]

1.7 Arten und Formen von Produkttests in der Automobilindustrie

Herrmann verweist bei der anstehenden Testung von Produktneuheiten in der Automobilindustrie auf die Car Clinics. [33] Nach Meffert geht es bei einem Produkttest um die Überprüfung von Anmutungs- und Verwendungseigenschaften von Produkten. Dem zu folge, soll durch solche Testungen die Frage geklärt werden, ob das neue Produkt überhaupt auf dem Markt bestehen kann, so Lamprecht und Özergin.[34] Das Spiegel-Institut unterhält gleich mehrere solcher Car Clinics, bzw. Testet in verschiedenen Clinics unterschiedliche Merkmalsausprägungen. So beziehen sich die Testungen in der

---

[31] Vgl. Meffert, H. (1998), S. 392
[32] Vgl. Veeh, W. (2016) 4. Kap. 2.3.2. Abs.
[33] Vgl. Herrmann, A. (1998), S. 520
[34] Vgl. Lamprecht, E. K. Özergin, B. (2016), 1. Kap. 1.2. Abs. nach Meffert, H. (2000), S.439

18

Statischen-Clinics (S.C.) auf Designbewertungen, Bewertungen neuer Interieur Konzepte, reichen aber auch bis hin zur Evaluation neuer Fahrzeugkonzepte. Solche Testungen werden meist in einem der Marke entsprechenden Ambiente, gem. s. Ausstellungshallen oder Kongresszentren durchgeführt. Oft werden die Befragungen durch Preisanalysen, Conjointanalysen (Verbundsanalysen-Verbundsmessungen) oder Eyetracking (Blickregistrierung) ergänzt. Die Testungen der Dynamischen Clinics (D.C.) hingegen, beziehen sich auf die Testung der Fahreigenschaften eines Produktes unter realitätsnahmen Gegebenheiten. Je nach Entwicklungsstand und Geheimhaltung des Produktes, finden die Tests entweder auf abgesperrten Testrecken oder aber im öffentlichen Straßenverkehr statt. Das Akronym Erlkönig ist in diesem Kontext zu erwähnen, dabei handelt es sich um einen Verkleideten Prototypen. Die Fragestellung bezieht sich auf die Funktionalität verschiedener Fahrzeugassistenzsysteme, dem vermittelten Raumgefühl, dem Sicht, Fahr, Kurven- und Beschleunigungsverhalten des Fahrzeuges, welches live und interaktiv getestet wird. Dem Eyetracking kommt eine besondere Rolle innerhalb beider Clinics zu. So wird dieses innerhalb der S.C. genutzt, um zu ermitteln ob und weshalb sich ein Rezipient ein bestimmter Prototyp angetan fühlt. Bei der D.C. wird das Eyetracking genutzt, um zu messen ob Ablenkungen von den verbauten Digitalen Systemen ausgeht und was getan werden muss, um diese zu reduzieren. Das Spiegel Institut führt aus, dass dank Eyetracking auf eine Vielzahl von individueller Fragestellung eingegangen werden kann, da die Aufmerksamkeitsdaten einen essenziellen Mehrwert für Marktforschungs- und Usability Studien liefern. Anschließend erfahren die Daten in sog. Heatmaps mittels grafischer Visualisierung eine quantifizierbare und objektive Aufbereitung.[35]

Aufgabe 2

2.1 Signifikante Merkmale und analytischer Nutzen des Produktlebenszyklus (PLZ)

Walsh et al. sehen im Produktlebenszyklus (Plz) die Übertragung der Idee des Entstehens, Wachsen und Vergehen von natürlichen Organismen auf das Konzept von Produkten.[36] Nach Kuß und Kleinaltenkamp hat der Plz weit über die Produktpolitik hinaus, in der gesamten Marketingplanung eine Bedeutung. Dies ist so, da er spezifische Aussagen über

[35] Vgl. Spiegel Institut (2020), S. 1-3 alle Abs.
[36] Vgl. Walsh, G. et al. (2020), 6. Kap. 2.3 Abs.

ein Produkt zulässt, wobei er solche im zeitlichen Ablauf betrachtet. Anders als andere Analysen, gewährt diese also keine statische, sondern eine dynamische Betrachtung gem.i., dass die Analyse der Situation eines Produktes nicht an einem Zeitpunkt, sondern den gesamten Zeitablauf seit Einführung des Produktes hinzuzieht, um dessen Veränderung zu beobachten.[37] Hierfür teilt er die ges. Lebenszeit eines Produktes in fünf Verschiedenen Phasen ein, diese lauten wie folgt: Einführungsphase, Wachstumsphase, Reifephase, Sättigungsphase und die Phase des Abschwungs. Nach Meffert besteht eine grundlegende Aussage des Modells darin, dass jedes Produkt unabhängig von seinem spezifischen Umsatzverlauf- zunächst steigende und dann sinkende Umsätze verzeichnet, wobei jedes Produkt ganz bestimmte Phasen durchläuft und zwar unabhängig von der absoluten Lebensdauer, welches ein Produkt aufweist, seien es Jahrzehnte, einige Jahre oder nur wenige Monate.[38] Der Nutzen dieser Kategorisierung nach Phasen ist sehr vielfältig, so erlaubt der PLZ dem Forschenden ein fundiertes Verständnis darüber zu akquirieren, welche Herausforderungen ein Produkt in den einzelnen Phasen durchläuft. Auch das Vermeiden von Fehlinvestitionen wird durch den PLZ gewährt, da die Optimierung der Marketingaktivität in Abhängigkeit der jeweiligen Phase betrachtet wird. Ein anderer wesentlicher Nutzen des PLZ, liegt in der Unterstützung der langfristigen Produkt- (portfolio-) Planung, so Schawel und Billing.[39] Dabei liegt dem PLZ nach Kuß und Kleinaltenkamp folgende Annahmen zugrunde: So etwa jene, dass die Existenz von Produkten am Markt zeitlich begrenzt ist, wobei die Entwicklung der Umsätze einen S-förmigen Verlauf bis zum Erreichen einer gewissen Sättigung einnimmt, wonach sich ein Rückgang anschließt. Die letzte Annahme bezieht sich auf die sog. markante Punkte, welche innerhalb des PLZ helfen eine Identifizierung, sowie Abgrenzung oben erwähnter Phasen zu gewährleisten.[40] Die einzelnen Phasen sind der 5.

[37] Vgl. Kuß, A. Kleinaltenkamp, M. (2020), S.115
[38] Vgl. Meffert, H. (2019), 6. Kap. 2. Abs.
[39] Vgl. Schawel, C. Billing, F. (2018), S. 275
[40] Vgl. Kuß, A. Kleinaltenkamp, M. (2020), S.115

Abb.   Zu   entnehmen.

Umsatz

Einführung	Wachstum	Reife	Sättigung	Abschwung
▪ Einführung des Produkts mit geringer Stückzahl ▪ Marketing zur Marktvorbereitung	▪ Produkt setzt sich am Markt durch – stark steigende Umsätze ▪ Marketing zur Nachfrageverbreiterung	▪ Variationen sorgen für geringfügig steigende Umsätze ▪ Marketing zur Gewinnung von Marktanteilen	▪ Nachfrage ist gesättigt ▪ Marketing zur Verteidigung bzw. Ausweitung von Marktanteilen	▪ Umsätze gehen zurück ▪ Marketing wird stark reduziert ▪ Neue Produkte werden vorbereitet

Zeit

5. Abb. Phasen des Produktlebenszyklus Quelle: Schawel, C. Billing, F. (2018), S. 276

2.2 Idealtypische Ausgestaltung prägnanter Phasen des Produktlebenszyklus

Zu Beginn einer Produkteinführung durchläuft jedes Produkt die **Entwicklungsphase**, da ein Produkt nur eigeführt werden kann, wenn dieses vorher entwickelt wurde. Die Entwicklung eines Produktes ist nach Veeh mit erheblichen Kosten verbunden- vor allem wenn die Produkte kurze Lebenszyklen aufweisen. Um sicherzustellen, dass die anfallenden Forschungskosten wieder eingespielt werden, müssen diese in die Objektträgerrechnung einfließen. Dass Konzept der Innovation auf welches unten vertiefend eingegangen wird stellt den Kern dieser Phase dar.[41] Die **Einführungsphase**, charakterisiert sich durch eine hohe Unsicherheit wie der Markt das Produkt des Unternehmens aufnimmt und wenn das Produkt in einen bestehenden Markt eingeführt wird, stellt sich natürlich noch die Frage danach, wie sich das Produkt gegen die in der gleichen platzierten Konkurrenz bewährt. Zumeist sind die produzierten Stückzahlen in dieser ersten Phase noch überschaubar, meist handelt es sich bei der angesprochenen Rezipienten Gruppe um neugierige Menschen, welche auch mal gerne auf Experimente einlassen so Schawel und Billing.[42] Prinzipiell ist diese Phase mit hohen Kosten verbunden, da meistens die Umsätze ausbleiben resp. der Vertrieb und anfallende

---

[41] Vgl. Veeh, W. (2016), 3. Kap. 1.1 Abs.
[42] Vgl. Schawel, C. Billing, F. (2018), S. 276

Werbemittel zu finanzieren sind. Darüber hinaus sind die Produkt Eigenschaften und Vorzüge dem Endkonsumenten noch nicht hinreichend bekannt. Auch die Produktionskosten bei kleinen Stückzahlen, konnten noch nicht durch die Erfahrungskurvenwerte optimiert werden. Folgende Faktoren definieren in dieser Phase die Geschwindigkeit und Ausbreitung des neuen Produktes so, Kuß und Kleinaltenkamp: Die Größe des in der Kundengruppe mittels Werbung erzielten Vorteils hinsichtlich bereits existierender Produkte. Die Bindung der Kunden an bisherige Produkte bzw. deren Lieferanten, sowie der erreichte Distributionsgrad des neuen Produktes.[43] In der **Wachstumsphase** werden nun, trotz bestehenden Fix-Kosten bsp. Ausgaben für Marketing, erstmals Gewinne erzielt. Charakteristisch für diese Phase ist ein schnelles Umsatzwachstum, welches durch anhaltende Werbepotenziale am Markt und steigende Akzeptanz innerhalb der Zielgruppe verstärkt wird. Nach Halfmann steigt auch die Bedeutung von Kontrahierungspolitischen Maßnahmen, indem z.b. Me-too-Produkte (Nachahmungsprodukte) von Konkurrenten in den Markt gesendet werden. Zusätzlich können in dieser Phase erstmals durch das Erreichen eines gewissen Diffusionsgrades qualifizierte Rückschlüsse über Produktverbesserungen gezogen werden, der Schwerpunkt liegt som. in der Variation und Verbesserung des bestehenden Produktes. Der Übergang von der W.P hin zur R.P. vollzieht sich von einer Progressiven Steigung der Umsatzkurve hin zu einem degressiven Wachstum.[44] Die **Reifephase** ist nach Walsh et al. die profitabelste- folglich ist diese durch eine hohe Gewinnkurve gekennzeichnet.[45] Bruhn erwähnt, dass sich die R.P. somit durch eine weitere absolute Marktausdehnung charakterisiert- obgleich die Wachstumsraten simultan dazu abnehmen, ebenfalls sinkend ist die erzielte Umsatzrentabilität. Auch die Wirkung der zu Beginn gewählten Marketingmaßnahmen, lässt in dieser Phase allmählich nach.[46] Gründe hierfür sind nach Walsh u.a. die Stagnation der Neukundengewinnung, sowie eine deutliche Zunahme der Konkurrenz. Im Idealfall benutzt ein Unternehmen in dieser Phase die durch Erfahrungskurveneffekte, sowie die nun wegfallenden hohen Markterschließungsinvestitionen, um trotz des stagnierenden Umsatzes die Kostenvorteile geltend zu machen und som. auskömmliche Gewinne zu erzielen. Da die Marktposition jedoch gegenüber der anfallenden Konkurrenz zu verteidigen ist, fallen mitunter erhöhte Kosten im Marketing an. Ebenfalls charakteristisch ist daher die

---

[43] Vgl. Kuß, A. Kleinaltenkamp, M. (2020), S.115
[44] Vgl. Halfmann, M. (2018), S. 44-45; Veeh. W. (2016), 3. Kap. 1.3. Abs.
[45] Vgl. Walsh, G. et al. (2020), 6. Kap. 2.3. Abs.
[46] Vgl. Bruhn, M. (2019), S. 67

22

Überschreitung des Gewinn Höhepunktes in dieser Phase vor dem Umsatzmaximum. Auch gängig in dieser Phase ist die Durchführung von Produktdifferenzierungen, somit ist die Produktpolitik in dieser Phase im Wesentlichen, durch den Anstieg der Zahl der Produktvarianten, bezogen zur Anpassung des Angebots an heterogene Kundenwünsche gekennzeichnet. Zuletzt erwähnt Walsh, dass sich die wachsende Differenzierung der Abnehmerbedürfnisse im Zeitablauf auf die steigende Produkterfahrung, jedoch auch auf ein kontinuierlich steigendes Anforderungsniveau, seitens der Rezipienten bezieht.[47] Nach Veeh ist die **Phase der Sättigung** vor allem durch Rückläufe in den Grenzumsätzen, sowie ein deutlichem nachlassenden Interesse, seitens der Verbraucher am Produkt gekennzeichnet. Gleichzeitig jedoch wird der Höchste Umsatz erzielt. Da die Grenzen zur D.P. meist nicht klar abzugrenzen sind, kann vor allem mittels preispolitischer Maßnahmen, z.b. Preisnachlässe in Verbindung mit einer verbesserten Produktausstattung die Sättigungsphase, erheblich verlängert werden so Meffert et al.[48] Wenn hierauf nicht im Rahmen eines Produkt Relaunch reagiert wird, ist es zumeist so, dass die bestehenden Aufwendungen im Marketing auf ein Minimum zurückgefahren werden, d.h. dass kaum noch in das bestehende Produkt investiert wird. Wenn es nicht zu den oben angeführten Relaunch-Anstrengungen kommt, in denen versucht wird- ein marginal verbessertes oder verändertes Produkt auf den Markt zu bringen, um die Nachfrage somit noch einmal zu stimulieren. Verbunden sind solche Anstrengungen mit einem hohen kommunikativen Aufwand, es kommt zur ständigen Abwägung ob sich anhand des noch vorhandenen Marktpotenzials Reinvestitionen lohnen, so Veeh. Denn wie erwähnt ist die Umsatzentwicklung degressiv, also Rückläufig und die Rendite, also das operative Ergebnis vor Steuern meist negativ.[49] Dies führt natürlich mitunter zu einem erbitterten Konkurrenzkampf, welchem viele Anbieter unterliegt- die Neueintrittszahlen nehmen som. vehement ab, oder treten nur noch mit Niedrigpreisen in den Wettbewerb ein.[50] Die Letzte Phase des PLZ ist die **Degenerationsphase**, nach Meffert beschließt diese Phase den Lebenszyklus des Produktes. Ausschlaggebend ist das Bedürfnis, auf dessen Befriedigung das Produkt abgestellt ist, nun besser, billiger oder bequemer von andersartigen Produkten befriedigt wird. Darüber hinauskönnen aber auch neue staatliche Regelungen Auswirkungen auf den Verlauf des PLZ haben in welcher der Markt schrumpft.[51] In dieser Phase ist der entstehende Umsatzrückgang, selbst durch gezielte

---

[47] Vgl. Walsh, G. et al. (2019) 6. Kap. 2.3. Abs.
[48] Vgl. Meffert, H. (2019), 6. Kap. 2. Abs.
[49] Vgl. Veeh, W. (2016), 3. Kap. 1.5. Abs.
[50] Vgl. Walsh, G. et al. (2019), 6. Kap. 2.3. Abs.
[51] Vgl. Meffert, H. (2019), 6. Kap. 2. Abs.

Marketingmaßnahmen nicht mehr abzufangen. So verliert das Produkt kontinuierlich an Marktanteil, wobei ein zunehmendes negatives Wachstum zu verzeichnen ist- d.h. die Umsätze und Gewinne sinken. Halfmann empfiehlt das Produktsortiment zu bereinigen durch (Produktelimination), insofern keine wichtigen Verbundsbeziehungen mit anderen Produkten (Economies of Scope) bestehen.[52] Beispiele hierfür sind nach Walsh et al. die Auslastung gemeinsam genutzter Ressourcen, wie Produktionsanlagen oder wenn Folgeprodukte noch nicht zur Marktreife gelangt sind.[53]

2.3 Wesentliche Determinanten der Innovationsfähigkeit

Franken und Franken führen aus, dass die Fähigkeit, Innovationen umzusetzen für Organisationen aufgrund zunehmender Umfeld- und Wettbewerbsdynamik immer wichtiger wird.[54] Die Innovationsfähigkeit eines Unternehmens setzt sich im Wesentlichen aus der **Ideenfindung** (Kreativität) sowie der **Ideenrealisation** zusammen, wobei beide Komponenten maßgeblich durch das Innovationsklima eines Unternehmens beeinflusst werden, so Röber.[55] Damit inkludiert dieser Begriff die von Pepels getätigte Definition der Innovation, welche die allgemeine Durchsetzung neuer technologischer, wirtschaftlicher, organisatorischer und sozialer Problemlösungen in Unternehmen und am Markt meint.[56] Wichtig zu verstehen ist nach Veeh, dass Innovationen den Kernbereich der Produktpolitik innerhalb von Unternehmen repräsentiert- wobei dieser den gesamten Prozess, von der Ideen Findung bis hin zur eigentlichen Produktentwicklung inkludiert. Die sich daraus ergebenden Herausforderungen, beziehen sich nicht nur auf die mit dem Prozess vertrauten Personen, sondern viel eher auf alle relevanten Abteilungen innerhalb eines Unternehmens.[57] Franken und Franken gehen so wie Seufert et al. und die meisten anderen Unternehmen vor allem davon aus, dass die Arbeit in Gruppen und Projektteams und der daraus resultierende Teamgeist zum Erfolg der Innovationsarbeit maßgeblich beiträgt.[58] Die Innovationsfähigkeit einer Organisation umfasst mehrere Elemente, so Frank und Frank wie auch Fieseler et al. Diese umfassen Bereitschaft zu innovieren, die Fähigkeit, neue Produkte, Dienstleistungen zu einer

---

[52]Vgl. Halfmann, M. (2018), S. 45-46
[53] Vgl. Walsh, G. et al. (2019), 6. Kap. 2.3. Abs.
[54] Vgl. Franken, R. Franken, S. (2020), S. 355
[55] Vgl. Röber, K. (2002), S.1
[56] Vgl. Pepels, W. (2003), S. 5
[57] Vgl. Veeh, W. (2016), 4. Kap. 1. Abs.
[58] Vgl. Franken, R. Franken, S. (2020), S. 355 nach Seufert et al. (2016), S. 283

erhöhten Wettbewerbsfähigkeit zu führen.[59] Nach Becher und Hastedt stellt ein verbreiteter Ansatz zur Erklärung von organisationaler Innovationsfähigkeit das Konzept der sog. kritischen Erfolgsfaktoren dar. Das Konzept geht von Schlüsselaspekten aus, welche für die Unternehmen von zentraler Bedeutung sind, da sie die Innovationsfähigkeit direkt beeinflussen. Sehe 3. Tab.

- Innovations-(Organisations)-Kultur, die Mitarbeiter/innen befähigt und motiviert, Ideen einzubringen.

- Promotoren im Management und in der Belegschaft, die Innovationsprozesse aktiv stützen.

- Führungsverhalten.

- Partizipative Arbeitsgestaltung.

- Wissensmanagement bzw. eine sog. offene Wissenskultur.

- Öffnung der Innovationsprozesse durch z. B. Einbeziehen der Kundenperspektive.

- Kooperation und Kollaboration in Unternehmens- und Expertinnen Netzwerken.

3. Tab. Erfolgsfaktoren der Innovation in Organisationen Quelle: eigene Darstellung nach Becher, B. Hastedt, I. (2019), S. 370

In Wissenschaft und Praxis ist man sich einig darüber, dass Innovationsfähigkeit die Fähigkeit zum permanenten Lernen voraussetzt, was sowohl für einzelne Individuen als auch für ganze Organisationen zutrifft. Das Wissen einer Organisation bildet som. die Grundlage für ihr erfolgreiches Handeln. Dabei beschränkt sich das Lernen nicht auf einzelne Phasen, sondern muss kontinuierlich gepflegt und gefördert werden. Oft redet man in diesem Zusammenhang von der Veränderungsbereitschaft, da diese mit der Innovation existenziell Verbunden ist, Veränderung macht Innovationen notwendig so Franken und Franken.[60] Zu den erprobten Indikatoren, mit welchen der Grad der Fähigkeit eines Unternehmens von erfolgreicher Innovation gemessen werden kann- also jene welcher der Innovationsperformance eines Unternehmens objektiv messen, zählen folgende so Franken und Franken :

---

[59] Vgl. ebd. (2020), S. 356 nach Fieseler et al. (2016), S. 314
[60] Vgl. Franken, R. Franken, S. (2020), S. 379

- der Anteil von neuen Produkten (nicht älter als fünf Jahre) am Umsatz (der so genannte New Product Vitality Index – NPVI), gilt als Voraussetzung für Wettbewerbsfähigkeit und Wachstum.

- F&E-Ausgaben eines Unternehmens (in absoluten Zahlen oder im Prozent des Umsatzes).

- Anzahl von Patentanmeldungen (insgesamt oder im letzten Jahr).

- Anzahl laufender Innovationsprojekte (pro Jahr),

- Anzahl von eingereichten Ideen (Verbesserungsvorschläge) pro Beschäftigten.

4. Tab. Objektive Innovationsindikatoren zur Messung der Innovationsperformance einer Organisation Quelle: Eigene Darstellung nach Franken, R. Franken, S. (2020), S. 356

Brandl, Cox und Rundnagel erweitern die oben genannten Innovationsindikatoren mittels Zunahme empirischer Studien um die Faktoren: Anzahl der hervorgebrachten Marktneuheiten (völlig neue Produkte), Entwicklungsdauer für innovative Produkte und Dienstleistungen, neue bzw. verbesserte Produktionsverfahren und Prozessverbesserungen. Kostenreduzierung durch Prozessinnovation, gesamt Einsparvolumen durch das BVW (Betriebliches Vorschlagswesen).[61]

2.4. Typische Merkmale von Early Adopter, Meinungsführern und Influencern

Nun, das Fachportal für Entscheider im Mittelstand definiert einen Early Adpoter (E.A.) als eine Person, die gegenüber Technologien oder Gadgets sehr aufgeschlossen ist- ferner sich diesen annimmt bzw. verwendet. Eine Klassifikation mit anderen Typen findet dieser im Adaptionslebenszyklus. Der A.l.z. stellt ein Model zur Beschreibung der gesellschaftlichen Akzeptanz insbesondere gegenüber neuen Technologien dar. Dabei nimmt er der E.A. den zweiten Platz in einer chronologischen Ordnung ein- nur die Technologiebegeisterten (Innovators) stehen über ihnen. Diese Klassifikation reicht bis hin zu den Technologienachzüglern (leggards).[62] Die Entwicklung der Influencer kann als eine Teildisziplin im Rahmen der digitalen Kommunikation mit und über Meinungsführer betrachtet werden, so Schach und Lommatzsch. Durch die Ablösung des Zeitalters der Massenmedien hin zum Zeitalter des Influencer Marketings, hat sich die Dynamik, bezogen auf die Gatekeeper Funktion hinsichtlich der Beeinflussung von

---

[61] Vgl. Wirtschaftslexikon (2020), S.1 1. Abs.
[62] Vgl. Onpulsen (2020), S.1

Konsumenten stark verändert so [63]. die Prinzipien, auf welchen diese Art des Marketings beruhen sind nicht nur sehr alt, sondern darüber hinaus auch noch äußerst stabil.[64] Die Theorie des sozialen Vergleichs von Festinger (1954) setzt den Forschenden darüber in Kenntnis, dass sich Konsumenten bei ihrer Selbsteinschätzung an anderen Personen orientieren. Der Vergleich bezieht sich konstant auf Merkmale und deren Ausprägung. Bsph. (körperliche Attraktivität, sozialen Status, Gesundheit), beziehen. Da sich Soziale Vergleiche aus verschiedenen Komponenten (kognitiv, emotional und konative gem. s. verhaltensbezogene Aspekte beziehen), sind verschiedene Arten des Vergleiches zu unterscheiden: Aufwärts-Vergleiche (mit überlegenen Personen), Abwärts Vergleiche mit überlegenen Personen und horizontale Vergleiche, bei welchen sich der Konsument mit Menschen einer ähnlichen spezifizierten Merkmalsausprägung vergleicht.[65] Den Influencern kommt som. Eine Entscheidende Rolle in der Gestaltung von Werbebotschaften zu. Diese bedienen sich verschiedener Techniken, um die Aufmerksamkeit von Konsumenten zu lenken. Das Storytelling gewinnt in diesem Kontext der informativen und argumentativen Gestaltung immer mehr an Bedeutung, Sinn ist es eine Sachliche Überzeugung der Zielgruppe zu erzielen, was durch Methoden, wie etwa Visualisierung, z.B. Ähnlichkeiten, Beweise, Gedankenverbindungen, Steigerungen, Hinzufügungen im Rahmen von Extensiven Kaufentscheidungen betrieben wird, da der Konsument bei solchen ein höheres Kaufrisiko wahrnimmt und eher bereit ist, sachliche Informationen zu sammeln und diese zu verarbeiten, so Bruhn.[66] Evolutionsbiologisch betrachtet, hat es etwas mit dem Leben bzw. dem überleben zu tun. Das Narrativ worin sich alle Typen der Beeinflusser, sind es nun- Early Adopter Meinungs- Führer oder influencer bewegen ist folgender. Ich weiß etwas was du nicht weißt, etwas zum Leben oder Überleben notwendiges- und ich bin dir überlegen, deshalb schaust du mir zu. Früher war ich dein Häuptling und davor dein Gott. Ich lebe von deiner Aufmerksamkeit- welche du mir schenkst. Denn Aufmerksamkeit benötigt Zeit und diese ist direkt in politisches Kapital zu überführen. Die Erkenntnis besteht darin, dass jeder der eine gewisse Art und Weise deine Zeit in Anspruch nimmt auch zu einem gewissen Teil über den Handlungsrahmen, welchen der Rezipient als seine Realität definiert verfügt. Reize, welche für den Rezipienten subjektiv relevant scheinen, ziehen eher die Aufmerksamkeit auf sich, also jene welche neutral sind, so Jansen. Hierbei ist es wichtig

---

[63] Vgl. Schach, A. Lommatzsch, T. (2018), S.49
[64] Vgl. ebd. (2018), S. 3
[65] Vgl. Döring, N. (2013), S. 300
[66] Vgl. Bruhn, M. (2019), S. 231

zu erwähnen, dass Emotionen auf welchen Beeinflusser jedweder Art Operieren auch das Gedächtnis Beeinflussen, und zwar unabhängig, ob es sich hierbei um negative oder positive Hedonie handelt. Da Emotionen stimmungskongruent sind, werden solche Erfahrungen leichter erinnert, welche mit der aktuellen Stimmungslage übereinstimmen. Bedingt der empirischen Tatsache, dass Menschen, welche sich in positiven emotionalen Zuständen dazu neigen, Entscheidungen nicht nur schneller zu treffen, sondern für ihre Entscheidungsfindung auch weniger Informationen benötigen, wird dem Forschenden sehr schnell deutlich, weshalb die meisten Influencer ihre Follower gezielt in eben solch emotionalen Bahnen halten. Angst scheint den Entscheidungsprozesse ebenfalls zu verkürzen, traurige Emotionen hingegen verlängern diesen.[67] ab hier kann und sollte jeder von euch sich entscheiden wie er diese Botschaft einteilt, wieviel Aufmerksamkeit er Menschen oder Systemen schenkt, ob im realen Leben oder in der neuen Virtuellen Welt mit seiner digitalen Identität. Dieses Konzept des Marketings baut auf dem Prinzip der evaluativen Konditionierung auf, welche anders als die klassische Konditionierung lediglich eine zeitliche Nähe der für den Rezipienten relevanten Reize erfordert, wobei der Vorteil für Werbetreibende darin besteht auf den Aspekt der Kontingenz, fast vollends verzichten zu können, außerdem erweist sich die evaluative Konditionierung als Löschresistenter. Es geht darum die Valenz eines emotional relevanten Reizes (z.B. Stellungnahme eines Influencer) auf einen neutralen Reiz- sei es nun ein Produkt oder einen Markennamen ggf. Dienstleistung, mittels Assoziationen zu übertragen. Somit bleibt die Assoziation auch dann noch bestehen, wenn der neutrale Reiz allein, also ohne den emotional relevanten Reiz dargeboten wird so Brandstätter, Schüler, Puca und Lozo.[68] Die Forschung der vergleichenden Medienwirkung, gibt dem Forschenden eine Reihe von Konzepten, wie sich der Beziehungsaufbau von Influencer zu Rezipient kategorisieren lässt. Im Zentrum der Betrachtung stehen drei verschiedene Involmentstrategien diese sind Empathie, sozialer Vergleich und parasoziale Interaktion. Im Falle der Empathie können Rezipienten mit den Medienfiguren mitdenken und mitfühlen wodurch es zu einem emotionalen Erleben kommt, Soziale Vergleiche hingegen beeinflussen das Selbstkonzept- kommt es zu einer langwierigen Beschäftigung mit einer medialen Person spricht man von einer parasozialen Beziehung, Döring verweist darauf, dass sich bei der Identifikation die Grenze zwischen Medienperson und Mediennutzer temporär auflöst (Symbiose)[69] Es ist Letzens an zu merken, das schon 1957

---

[67] Vgl. Jansen, P. (2018), 1, Kap. 4.2. Abs.
[68] Vgl. Brandstätter, V. Schüler, J. Puca, R. M. Lozo, L. (2018), 16. Kap. 4. Abs.
[69] Vgl. Schach, A. Lommatzsch, T. (2018), S. 13

Horten und Strauss darauf verwiesen, dass es Konstitutiv für diese Art des interaktionistischen Umgangs ist, dass solche Arten von Beziehungen weitestgehend im Imaginären verbleiben und keine wechselseitige Auseinandersetzung (Reziprozität) zwischen Rezipienten und Medienakteuren erlaubt. Som. Werden jene Parasozialen Interaktionen, welche als singulärer Akt definiert sind, zu parasozialen Beziehungen, so Sander, von Gross und Hugger.[70]

---

[70] Vgl. Sander, U. Von Gross, F. Hugger, K. U. (2008), S.294

Literaturverzeichnis

Becher, B. Hastedt, I. (2019), Innovative Unternehmen der Sozial- und Gesundheitswirtschaft- Herausforderungen und Gestaltungserfordernisse (Hrsg.) Springer Fachmedien, Wiesbaden. ISBN 978-3-658-19503-8

Brockhoff, K. (1999), Produktpolitik 3. Aufl. (Hrsg.) UTB, Stuttgart. ISBN 978-3825210793

Bruhn, M. (2019), Marketing- Grundlagen für Studium und Praxis 14. Aufl. (Hrsg.) Springer Fachmedien, Wiesbaden. ISBN 978-3-658-24472-9

Bruhn, M. und Hadwich, K. (2006), Produkt- und Servicemanagement: Konzepte, Methoden, Prozesse (Vahlens Handbücher der Wirtschaft- und Sozialwissenschaften) (Hrsg.) Vahlen, München. ISBN 978-3800632572

Döring, N. (2013), Wie Medienpersonen Emotion und Selbstkonzept der Mediennutzer beeinflussen- Empathie, sozialer Vergleich, parasoziale Beziehung und Identifikation. Enthalten In: Schweiger W, Fahr A (Hrsg) Handbuch Medienwirkungsforschung. Springer VS, Wiesbaden, S. 295–310 ISBN 978-3531181585

Esch, F. R. Tomczak, T. Kernstock, J. Langner, T. Redler, J. (2019), Corporate Brand Management- Marken als Anker strategischer Führung von Unternehmen 4. Aufl. (Hrsg.) Springer Fachmedien, Wiesbaden. ISBN 978-3-658-24899-4

Franken, R. Franken, S. (2020), Wissen, Lernen und Innovation im digitalen Unternehmen- Mit Fallstudien und Praxisbeispielen 2. Aufl. (Hrsg.) Springer Gabler, Wiesbaden. ISBN 978-3-658-30177-4

Herrmann, A. (1998), Produktmanagement (Hrsg.) Vahlen, Deutschland. ISBN 978-3800622047

Hoffmann, C. Lennerts, S. Schmitz, C. Stölzle, W. Uebernickel, G. (2016), Business Innovation: Das St. Galler Modell (Hrsg.) Gabler Verlag, Wiesbaden. ISBN 978-3-658-07166-0

Homburg, C. (2015), Marketingmanagement- Strategie- Instrumente- Umsetzung-Unternehmensführung 5. Aufl. (Hrsg.) Springer Gabler, Wiesbaden. ISBN 978-3-658-13655-0

Kotler, P. Keller, K. L. Bliemel, F. (2007), Marketing-Management – Strategien für wertschaffendes Handeln 12. Aufl. (Hrsg.) Pearson Studium (Addison-Wesley), München. ISBN 978-3827372291

Kuß, A. Kleinaltenkamp, M. (2020), Marketing- Einführung- Grundlagen-Überblick-Beispiele 8. Aufl. (Hrsg.) Springer Gabler, Wiesbaden. ISBN 978-3-658-29511-0

Lamprecht, E. K. Özergin, B. (2016) Operatives Marketing Titel -NR. 0222-06. 6. Aufl. (Hrsg.) SRH-Fernhochschule The Mobile University, Riedlingen.

Meffert, H. (1998), Marketing- Grundlagen marktorientierter Unternehmensführung. Konzepte- Instrumente- Praxisbeispiele. Mit neuer Fallstudie VW Golf 8. Auflage. (Hrsg.) Gabler, Wiesbaden. ISBN 978-3-322-93155-9

Meffert, H. (2000), Marketing- Grundlagen marktorientierter Unternehmensführung. Konzepte - Instrumente - Praxisbeispiele. Mit neuer Fallstudie VW Golf. 9. Aufl. (Hrsg.) Springer Gabler, Wiesbaden. ISBN 978-3-322-93168-9

Meffert, H. Burmann, C. Kirchgeorg, M. (2015), Marketing- Grundlagen marktorientierter Unternehmensführung Konzepte- Instrumente- Praxisbeispiele 12. Aufl. (Hrsg.) Springer Fachmedien, Wiesbaden. ISBN 978-3-658-02343-0

Meffert, H. Burmann, C. Kirchgeorg, M. Eisenbeiß, M. (2019), Marketing- Grundlagen marktorientierter Unternehmensführung Konzepte- Instrumente- Praxisbeispiele 13. Aufl. (Hrsg.) Springer Fachmedien, Wiesbaden. ISBN 978-3-658-21195-0

Nissen, L. (2019), Bau des Porsche Taycan in Zuffenhausen- Das stärkt den Standort Stuttgart (Hrsg.) Stuttgarter Nachrichten StN.de https://www.stuttgarter-nachrichten.de/inhalt.bau-des-porsche-taycan-in-zuffenhausen-das-staerkt-den-standort-stuttgart.d3f92182-4708-4b6f-bf72-ae725d795d4e.html abgerufen am 6.9.2020

Pepels, W. (2003)

Porsche Modelle.de (2020), Produktübersicht (Hrsg.) Porsche AG
https://www.porsche.com/germany/models/ abgerufen am 5.9.2020

Rotter, E. (2019), VDA: Deutsche Automobilindustrie stellt an ihre Produkte höchste Qualitätsansprüche (Hrsg.) Verband der Automobilindustrie. https://www.vda.de/de/presse/Pressemeldungen/20191113-vda-deutsche-automobilindustrie-stellt-an-ihre-produkte-hoechste-qualitaetsansprueche.html abgerufen am 5.9.2020

Rothschild, M. L. (1987). Marketing communications: Fromfundamentals to Strategies. (Hrsg.) Houghton Mifflin. ISBN 978-0669072105

Röber, K. (2002), Projektmanagement II. Baustein Kreativitätstechniken einsetzen – Allgemeines. April 2002. http://dr-klaus-roeber.de/data/download/Seminare/PM%20II/ Kreativitaetstechniken% 20%20Allgemeines.pdf (A.d.V.: Link ist nicht mehr aufrufbar)

Sander, U. Von Gross, F. Hugger, K. U. (2008), Handbuch Medienpädagogik (Hrsg.) Vs Verlag für Sozialwissenschaften/ GWV Fachverlag GmbH, Wiesbaden. ISBN 978-3-531-15016-1

Schach, A. Lommatzsch, T. (2018), Influencer Relations- Marketing und PR mit digitalen Meinungsführern. (Hrsg.), Springer Fachmedien, Wiesbaden. ISBN 978-3-658-21187-5
Schawel, C. Billing, F. (2018), Top 100 Management Tools: Das wichtigste Buch eines Managers Von ABC- Analyse bis Zielvereinbarung. 6. Aufl. (Hrsg.) Springer Gabler, Wiesbaden. ISBN 978-3658189167

Seufert, S. Schuchmann, D. Meier, C. Fandel-Meyer, T. (2016). Steigerung der Lern- und Inno- vationsfähigkeit von Unternehmen und Organisationen. In C. P. Hoffmann et al. (Hrsg.) Busi- ness innovation: Das St. Galler modell, business innovation Universität St. Gallen (S. 282–312). Springer Gabler, Wiesbaden. ISBN 978-3-658-07166-0

Spiegel Institut (2020), Statische Clinics- Dynamische Clinics- Eyetracking (Hrsg.) Spiegel Institut. https://car-clinics.de/statische-clinics/ abgerufen am 7.9.2020

Thommen, J. P. Achleitner, A.K. Gilbert, D. U. Hachmeister, D. Jarchow, S. Kaiser, G. (2020), Allgemeine Betriebswirtschaftslehre- Umfassende Einführung aus managementorientierter Sicht 9. Aufl. (Hrsg.) Springer Fachmedien, Wiesbaden. ISBN 978-3-658-27245-6

Onpulsen (2020), Early Adopter. (Hrsg.) Onpulsen-Online. Das Fachportal für Entscheider im Mittelstand. https://www.onpulson.de/lexikon/early-adopter/ Zugriff am 10.9.2020

Onpulsen (2020), Produkt. (Hrsg.) Onpulsen-Online. Das Fachportal für Entscheider im Mittelstand. https://www.onpulson.de/lexikon/produkt/ Zugriff am 14.10.2020

Veeh, W. Bouchard, S. (2016), Produktpolitik Titel -Nr. 0691-03. 3. Aufl. (Hrsg.) SRH-Fernhochschule The Mobile University, Riedlingen.

Walsh, G. Deseniss, A. Kilian, T. (2020) Marketing- Eine Einführung auf der Grundlage von Case Studies 3. Aufl. (Hrsg.) Springer Deutschland. ISBN 978-3-662-58940-3

Weis, H.-C. (2009), Marketing. 15. Auflage. (Hrsg.) Kiehl, Ludwigshafen. ISBN 978-3470512761